Jeffrey D

La biografía del caníbal de Mil
necrófilo y violador caníbal -
de asesinato y c

GW01458268

Por la Biblioteca Unida

https://campsite.bio/unitedlibrary

Introducción

Este libro no es para los débiles de corazón. Te cuenta todo sobre Jeffrey Dahmer, un hombre que violó, asesinó y canibalizó a sus víctimas. Si usted está interesado en el crimen verdadero, entonces este libro es para usted.

Jeffrey Dahmer fue uno de los asesinos en serie más atroces de la historia de Estados Unidos. Este libro cuenta toda su vida, desde sus comienzos como un niño aparentemente normal hasta el día en que finalmente fue detenido por la policía. Fue un asesino en serie y delincuente sexual estadounidense que acabó con la vida de diecisiete hombres y niños entre 1987 y 1991. Además de sus asesinatos, Dahmer fue también necrófilo y caníbal, violando sexualmente los cadáveres de sus víctimas y consumiendo su carne.

Finalmente fue capturado y condenado a cadena perpetua, donde fue asesinado por otro recluso en 1994. Este libro cuenta la historia de los crímenes de Dahmer con todo lujo de detalles, proporcionando una mirada íntima a la mente de un individuo perturbado. Seguramente atraerá a los lectores con una curiosidad morbosa, y proporciona un valioso estudio de caso para aquellos interesados en la psicología criminal.

Los crímenes de Jeffrey Dahmer le horrorizarán y le fascinarán al mismo tiempo. Este libro ofrece una visión de la mente de un loco y revela lo que le llevó a cometer actos tan atroces. Si le fascina el lado oscuro de la naturaleza humana, este libro es definitivamente para usted. Le proporcionará un relato detallado de una de las mentes más retorcidas de la historia y le dejará con mucho que pensar mucho después de terminar de leerlo.

Índice de contenidos

Jeffrey Dahmer

Jeffrey Lionel Dahmer (21 de mayo de 1960 en Milwaukee, Wisconsin; † 28 de noviembre de 1994 en Portage, Wisconsin) fue un asesino en serie estadounidense.

Tras su detención en julio de 1991, se demostró su culpabilidad en 16 de los 17 asesinatos confesados que había cometido entre 1978 y 1991 contra hombres jóvenes y adolescentes, la mayoría de los cuales procedían del ambiente homosexual de Milwaukee. Casi siempre procedía según el mismo modus operandi: primero, atraía a su víctima con un pretexto a su apartamento, donde la drogaba, la agredía sexualmente y la estrangulaba. A continuación, realizaba actos necrófilos sobre el cadáver y fotografiaba su desmembramiento. A menudo recogía el cráneo y otras partes del cuerpo de su víctima y en algunos casos practicaba el canibalismo, lo que le valió el apodo de *El Caníbal de Milwaukee* (alternativamente *El Monstruo de Milwaukee*) en los medios de comunicación.

Aunque a Dahmer se le diagnosticaron múltiples trastornos mentales, un jurado de Milwaukee lo declaró cuerdo y lo condenó a la máxima pena posible de 15 cadenas perpetuas consecutivas sin posibilidad de liberación. En Ohio, donde Dahmer cometió su primer asesinato, recibió otra cadena perpetua. En la cárcel, fue golpeado hasta la muerte por un compañero de prisión a la edad de 34 años.

Dahmer es uno de los asesinos en serie más famosos del siglo XX y a menudo se le menciona en la misma liga que Ted Bundy, John Wayne Gacy y Richard Ramírez. A diferencia de muchos otros asesinos en serie, expresó su remordimiento por sus actos, cooperó con las investigaciones policiales e incluso admitió asesinatos que no se habrían descubierto sin su confesión. Insistió repetidamente en que él era el único responsable de sus actos y que ni sus padres, ni la sociedad, ni las autoridades policiales, que habían cometido varios errores de investigación en su caso, tenían parte de culpa.

La vida

Dahmer nació el 21 de mayo de 1960 en el Evangelical Deaconess Hospital de Milwaukee, siendo el mayor de los dos hijos de Joyce Annette (de soltera Flint) y Lionel Herbert Dahmer. Por aquel entonces, su padre, de ascendencia alemana y galesa, estudiaba química analítica en la Universidad de Marquette. Su madre, de raíces noruegas e irlandesas, trabajaba como ama de casa y posteriormente obtuvo un máster en asesoramiento psicosocial. Según Lionel Dahmer, su mujer sufrió convulsiones durante el embarazo, por lo que su médico le administró morfina y barbitúricos. Especuló que estos fármacos podrían haber tenido un efecto perjudicial para la fruta. La madre de Dahmer negó estas acusaciones. Eran sólo un intento de hacerla cómplice de los crímenes de su hijo. Después de dar a luz, cayó enferma de depresión posparto, y en los años siguientes siguió sufriendo diversas enfermedades mentales y físicas, algunas de las cuales la confinaron en la cama durante largos periodos de tiempo, y cuyo tratamiento la llevó a depender de la medicación. Lionel Dahmer se centraba principalmente en su carrera y se ausentaba con frecuencia por motivos de trabajo. Como consecuencia, ambos padres prestaban cada vez menos atención a su hijo.

En septiembre de 1962, la familia se trasladó a Ames, Iowa, donde el padre de Dahmer obtuvo un puesto de doctorado en la Universidad Estatal de Iowa. En marzo de 1964, con poco menos de cuatro años, Dahmer tuvo que ser operado de una hernia bilateral. Después de esta experiencia, lo que había sido un niño despreocupado y animado se convirtió en un niño tranquilo y retraído. En otoño de 1966, Lionel Dahmer se doctoró y encontró trabajo como químico en el departamento de investigación de una fábrica de Akron, Ohio. La familia se trasladó entonces a la cercana Doylestown, donde Dahmer asistió a la escuela primaria Hazel Harvey a partir de octubre de

1966. Iba a la escuela de mala gana, se le consideraba inusualmente tímido y tenía poco contacto con otros niños en el patio de la escuela. Aun así, Dahmer tenía algunos compañeros de juego en su tiempo libre y, mirando hacia atrás, dijo: "Cuando era un niño pequeño era como cualquier otro". ("Cuando era un niño pequeño era como cualquier otro").

Tras el nacimiento de su hermano menor, David, el 18 de diciembre de 1966, los Dahmer se instalaron en una casa con un gran terreno arbolado en Bath, Ohio, en 1968. Dahmer se trasladó a la escuela primaria de Bath, donde compartió clase con el futuro ganador del premio Grammy Joe Henry. Tanto Lionel como el propio Jeffrey Dahmer desmintieron posteriormente los informes que afirmaban que había sufrido abusos sexuales por parte de un niño vecino a la edad de ocho años. En 1970, su madre pasó varias semanas en un hospital psiquiátrico debido a una fuerte ansiedad. El matrimonio de los Dahmer, difícil desde el principio, se vio gravemente afectado por este hecho y comenzó a desmoronarse. Dahmer presenció con frecuencia acaloradas discusiones entre sus padres, en las que tuvo que mediar varias veces la policía. Se culpaba de la constante mala salud de su madre y del fracaso del matrimonio de sus padres, y reaccionaba a su frustración golpeando con ramas y palos los árboles situados detrás de la casa.

A partir de los diez años se alejó cada vez más de su familia y pasó mucho tiempo solo en el bosque. Parecía apático a los que le rodeaban, su discurso era a menudo monótono y monosilábico, y su forma de andar y su postura general eran rígidas y encogidas. Para sacarlo de su aislamiento, su padre intentó que se interesara por varios deportes y lo envió a los Boy Scouts, pero el interés de Dahmer por estas actividades nunca duró mucho. Lo único que le entusiasmaba desde su infancia eran los huesos y las vísceras de los animales muertos. Recogía insectos, pájaros y pequeños roedores sin vida y los conservaba en frascos de formol, que guardaba en un cobertizo detrás de la casa de sus padres. A partir de los doce años, empezó a recoger cadáveres junto a la carretera, cerca de la propiedad de sus padres, para disecarlos. Sin embargo, a diferencia de muchos otros asesinos en serie, no le gustaba torturar a los animales ni matarlos él mismo, y era cariñoso con sus mascotas.

Años de juventud y bachillerato

Con el inicio de la pubertad, Dahmer descubrió su homosexualidad. Sin embargo, ocultó su orientación sexual especialmente a su padre, que no lo habría aceptado. A los 14 años, desarrolló las primeras fantasías sexuales violentas en las que controlaba a un hombre completamente sumiso o inconsciente. Estas fantasías aumentaron en frecuencia e intensidad con el tiempo y acabaron implicando actos necrófilos sobre cadáveres y su desmembramiento. Dahmer describió su situación en aquel momento diciendo: "[Esto] fue empeorando. No sabía cómo decírselo a nadie". ("[Se] puso cada vez peor. No sabía cómo contárselo a nadie") Alrededor de los 15 años, planeó poner en práctica su fantasía por primera vez. Acechó con un bate de béisbol para dejar inconsciente a un corredor que pasaba regularmente por la casa de los Dahmer y luego procedió a hacer de las suyas con él. Sin embargo, el corredor no pasó por allí ese día, por lo que abandonó su plan sin más.

A partir de 1974, asistió al instituto Revere de Richfield con Derf Backderf, que más tarde se convertiría en guionista de cómics. Aunque sus contemporáneos consideraban que Dahmer tenía una inteligencia superior a la media y se decía que tenía un coeficiente intelectual de 117 a 145, sus notas eran dispares. Era miembro de la banda de música de la escuela, jugaba al tenis en el equipo universitario y trabajaba en el periódico de la escuela, pero a pesar de estas actividades, sus compañeros lo consideraban un solitario y un bicho raro que no tenía amigos íntimos y que sufría acoso escolar. Durante un tiempo, se las arregló para atraer la atención de sus compañeros de clase fingiendo ataques espásticos o epilépticos y bromas como la de bloquear la foto del grupo de la Sociedad de Honor, de modo que formaron un "club de fans de Dahmer" y "hacer un Dahmer" ("tirar de un

desagüe del jardín. Tres años más tarde, recuperó los huesos restantes y los rompió en pequeños trozos, que esparció por toda la propiedad boscosa. Hicks se consideró desaparecida sin dejar rastro durante 13 años. Dahmer dijo más tarde sobre su primer asesinato: "Nada ha sido normal desde entonces. Mancha toda tu vida. Después de que ocurriera pensé que intentaría vivir lo más normalmente posible y enterrarlo, pero cosas así no se quedan enterradas." ("Desde entonces, nada es normal. Ensombrece toda tu vida. Después de lo ocurrido, pensé que intentaría vivir lo más normalmente posible y olvidarlo. Pero una cosa así siempre te alcanza").

13

Tiempo en la universidad, el ejército y Florida

El divorcio de sus padres fue definitivo en julio de 1978. Lionel Dahmer regresó a su casa después de meses de ausencia y convenció a su hijo para que se inscribiera en el semestre de otoño en la Universidad Estatal de Ohio, en Columbus, con la especialidad de negocios, que comenzó en septiembre. Pero en lugar de asistir a las clases, Dahmer se entregó al alcohol. Para financiar su adicción, donó sangre con tanta frecuencia en el centro de plasma de la universidad que sus donaciones acabaron limitándose a una por semana. Según su boletín de notas trimestral, no se había calificado para ningún curso de continuación, momento en el que su padre lo sacó de la universidad. Cuando Lionel Dahmer fue a recoger las pertenencias de su hijo al campus, descubrió un alijo de botellas de cerveza y vino en su habitación y se dio cuenta por primera vez de que Dahmer tenía un serio problema con la bebida.

Con la esperanza de que su hijo volviera al buen camino mediante la disciplina, lo envió al Ejército de los Estados Unidos, donde Dahmer se alistó por tres años el 12 de enero de 1979. Tras un entrenamiento abortado con la policía militar en Anniston, Alabama, Dahmer completó seis semanas de entrenamiento como médico en el Hospital Militar de Fort Sam Houston a partir del 11 de mayo de 1979. Aplicó los conocimientos médicos que adquirió durante este entrenamiento a sus actos posteriores. Desde el 13 de julio de 1979, estuvo destinado en Baumholder, Renania-Palatinado. Uno de sus compañeros de habitación declaró más tarde que Dahmer le había maltratado, intimidado y violado durante el tiempo que estuvieron juntos en el servicio. Sin embargo, sus superiores no habían atendido su petición de ayuda en ese momento. Con otros compañeros, sin

14

embargo, Dahmer no dejaba una impresión violenta, sino que se le consideraba un solitario y cobarde sexualmente inexperto e introvertido, que sólo era propenso a los arrebatos de ira bajo la influencia del alcohol y que a menudo bebía hasta caer en el estupor durante días.

Debido a su consumo excesivo de alcohol, a su falta de voluntad para buscar tratamiento y a varias acciones disciplinarias infructuosas, fue dado de baja honorablemente del Ejército antes de tiempo. El 24 de marzo de 1981, voló de vuelta a los Estados Unidos, donde tomó una habitación de motel en Miami Beach, Florida, y encontró trabajo en una tienda de bocadillos. Invirtiendo su sueldo casi exclusivamente en alcohol, pronto no pudo seguir pagando el motel. Durante un tiempo pasó la noche en la playa hasta que finalmente se animó a llamar a su padre y pedirle dinero. Lionel Dahmer le compró entonces un billete de avión que le llevó de vuelta a Ohio en septiembre de 1981.

Regreso a Ohio y Milwaukee

De vuelta a casa, Dahmer se mudó con su padre, que desde entonces se había vuelto a casar. El 7 de octubre de 1981 fue detenido por *conducta desordenada* tras consumir visiblemente alcohol en público y resistirse a los agentes de policía que le habían citado. Pasó noches enteras en los bares y fue golpeado con frecuencia por no querer marcharse voluntariamente. Lionel Dahmer envió entonces a su hijo a vivir con su abuela Catherine Dahmer en West Allis, un suburbio de Milwaukee, en el invierno de 1981/82. Dahmer mantenía una relación muy íntima con su abuela, y su vida se encauzó inicialmente con ella. Ayudaba en la casa y el jardín, encontró empleo en un banco de sangre, asistió a reuniones de Alcohólicos Anónimos y trató de reprimir sus impulsos y fantasías sexuales. Sin embargo, este estilo de vida, que él describía como "virtuoso", no duró mucho. El 8 de agosto de 1982 fue arrestado tras exponerse a un grupo de mujeres y niños en la Feria Estatal de Wisconsin, por lo que fue multado con 50 dólares. Unas semanas más tarde, perdió su trabajo por bajo rendimiento y se vio obligado a depender de la ayuda del gobierno durante los dos años siguientes de desempleo.

Un día, un extraño en una biblioteca pública le envió una nota ofreciéndole sexo oral en el baño de hombres. Dahmer no aceptó la oferta, pero más tarde la valoró como una experiencia clave tras la cual decidió vivir su homosexualidad. Como ni el consumo de pornografía gay ni la simulación de actos sexuales sobre un maniquí masculino robado le satisfacían de forma duradera, intentó robar el cadáver de un joven de un cementerio para realizar en él sus fantasías sexuales. Sin embargo, no consiguió desenterrar el ataúd porque el suelo estaba congelado. A partir de enero de 1985, trabajó seis noches a la semana como mezclador de chocolate en *la Ambrosia Chocolate Company* de Milwaukee. En su tiempo libre, empezó a frecuentar las saunas gay de la ciudad. Con los hombres que conocía allí, se retiraba a la séparée, donde los drogaba con somníferos y abusaba sexualmente de ellos. Se hacía recetar por varios médicos la cantidad necesaria de somníferos con el pretexto de que tenía dificultades para conciliar el sueño debido a sus turnos nocturnos.

En varias ocasiones, se gratificó en público y fue denunciado el 8 de septiembre de 1986 por dos niños de doce años que habían presenciado involuntariamente uno de estos incidentes. En su posterior detención por conducta lasciva, Dahmer alegó en su defensa que no se había sentido observado y que simplemente había orinado. El cargo se redujo posteriormente a conducta *desordenada* y Dahmer fue condenado a un año de libertad condicional el 10 de marzo de 1987. El tribunal también le ordenó someterse a psicoterapia. La terapeuta lo describió como un paciente retraído, intransigente y poco colaborador que a veces le daba la espalda durante las sesiones y la acusaba de conspirar con el sistema judicial. Le diagnosticó un trastorno esquizoide de la personalidad con tendencias paranoides y señaló que era "definitivamente espeluznante" ("definitely SPOOKY!"). Otro examen ordenado por el tribunal, realizado por un psiquiatra de la Universidad de Wisconsin, determinó que Dahmer tenía una fluidez verbal excepcional y una notable capacidad de razonamiento abstracto, pero los demás resultados de las pruebas llevaron al médico a predecir que podría convertirse en un sociópata con tendencias esquizoides.

Su ajetreo en las saunas gay llegó a su fin en el verano de 1987, después de que una de las 10 o 15 víctimas estimadas tuviera que ser hospitalizada por una sobredosis. A Dahmer se le prohibió la entrada a los locales, pero no fue procesado. A partir de entonces, trasladó sus actividades a los bares y clubes nocturnos gay de la ciudad. Los fines de semana solía ocupar una habitación de hotel barata, donde llevaba al menos a seis conocidos varones, a los que drogaba y abusaba sexualmente, pero no mataba. En estas ocasiones, también pasaba mucho tiempo escuchando los latidos del corazón y otros sonidos de los órganos de sus víctimas inconscientes, un comportamiento que más tarde practicó también con sus víctimas de asesinato.

Del segundo al cuarto asesinato

A finales de noviembre de 1987, Dahmer visitó *el Club 219* de Milwaukee, donde entabló conversación con Steven Tuomi, de 25 años. A la hora del toque de queda, tomaron un taxi hasta el Hotel Ambassador, donde vaciaron una botella de ron en la habitación de Dahmer y se produjo una actividad sexual consentida. Dahmer había mezclado en secreto el vaso de Tuomi con somníferos y, después de que hicieran efecto, abusó de él. Cuando Dahmer se despertó a la mañana siguiente, el cuerpo de Tuomi yacía a su lado con el pecho golpeado. Dahmer no recordaba lo que había sucedido, pero como él mismo tenía moratones y heridas en los brazos y las manos, llegó a la conclusión de que debía haber matado a Tuomi. Compró una maleta grande en la que transportó el cuerpo fuera del hotel y en taxi hasta la casa de su abuela. Durante una semana, escondió el cuerpo en el sótano antes de desmembrarlo y deshacerse de él con la basura doméstica. Los restos de Tuomi nunca se encontraron.

Después de salirse con la suya por segunda vez, dejó de resistirse a sus fantasías y empezó a buscar activamente víctimas. "Para entonces mi conciencia moral estaba tan disparada, tan totalmente corrompida, que [mis fantasías eran] mi principal objetivo en la vida". ("En ese momento mi conciencia moral estaba tan disparada, tan totalmente corrompida, que [mis fantasías] eran el principal foco de mi vida"). James Doxtater, de 14 años, conoció a Dahmer en una parada de autobús cerca *del Club 219* alrededor de la 1 de la madrugada del 17 de enero de 1988 y, según el testimonio de Dahmer, estimó que el joven nativo americano tenía 18 años y le ofreció 50 dólares por la noche. Doxtater, que era conocido por la policía como un buscavidas, aceptó la oferta y acompañó a Dahmer a la casa de la abuela. Después del sexo, Dahmer drogó y estranguló al adolescente y procedió a darse un festín con el cuerpo durante días. Cuando el olor a descomposición se hizo tan fuerte que su abuela lo notó, lo achacó a la caja de arena y se deshizo del cuerpo de la misma manera que su anterior víctima.

El 27 de marzo de 1988, Dahmer conoció a Richard Guerrero, de 23 años, en el *bar Phoenix* de Milwaukee y lo atrajo a la casa de su abuela por una noche con 50 dólares. Ésta estaba dormida cuando estranguló a Guerrero en su dormitorio y representó sus fantasías sexuales con el cadáver. Tras desayunar con su abuela, llevó el cuerpo sin vida al sótano, donde lo desmembró y se deshizo de él con la basura de la casa mientras Catherine Dahmer asistía a los servicios dominicales. Preparó el cráneo y lo conservó durante varios meses.

Incidencias

En la noche del 2 al 3 de abril de 1988, Dahmer llevó a casa a un hombre del *Club 219* que se despertó dos días después en el hospital. Lo último que recordaba el hombre era haber bebido el café de Dahmer y haber perdido el conocimiento. No se encontró ningún residuo de narcótico en su sangre, y su cuerpo no mostraba marcas que indicaran que había sido violado. No obstante, el hombre presentó cargos contra Dahmer porque le faltaban joyas y dinero. También había descubierto extraños moratones en su cuello y se dio cuenta de que llevaba la ropa interior al revés. Durante el interrogatorio policial del 5 de abril de 1988, Dahmer declaró que sólo había ayudado al hombre porque había bebido demasiado. Posteriormente, el caso se archivó. Tras su detención en julio de 1991, admitió haber drogado y abusado del hombre. Sin embargo, no lo había matado porque su abuela se había percatado de su presencia.

Catherine Dahmer estaba cada vez más preocupada por las actividades nocturnas de su nieto y por su forma de beber. Por ello, la familia de Dahmer le sugirió que buscara su propio lugar para vivir, tras lo cual alquiló un apartamento en la calle 24 Norte de Milwaukee. En la tarde del 26 de septiembre de 1988, se acercó a un niño de trece años de ascendencia laosiana en la calle, que le siguió hasta su apartamento por 50 dólares y posó con el torso desnudo para unas fotografías Polaroid. Cuando Dahmer tocó al chico de forma indecente, éste salió del apartamento huyendo y denunció el incidente a la policía.

Dahmer fue detenido y condenado por un tribunal de Milwaukee el 30 de enero de 1989 por agresión sexual en segundo grado y seducción de un menor a un año de internamiento en un reformatorio seguido de cinco años de libertad condicional. El juez le concedió la libertad diaria durante la duración de su condena para que pudiera seguir trabajando en su empleo en la fábrica de chocolate. Dahmer pasó el tiempo hasta su ingreso en prisión en libertad. Se mudó del apartamento de la calle 24 y volvió a vivir con su abuela en West Allis, que lo acogió de nuevo a pesar de su condena.

El quinto asesinato y el encarcelamiento en una prisión abierta

La noche del 25 de marzo de 1989, conoció a Anthony Sears, un joven de 24 años medio afroamericano, en el bar gay *La Cage*. Después de la medianoche, se dirigieron a West Allis, donde tuvieron sexo en su dormitorio. Después, Dahmer mezcló a Sears una bebida con varios somníferos, lo estranguló y procedió a ensañarse con el cuerpo antes de desmembrarlo en la bañera. Diseccionó la cabeza y los genitales y los guardó en una pequeña maleta, que guardó en su taquilla de la fábrica de chocolate. El 23 de mayo de 1989, Dahmer comenzó su condena en prisión abierta. Durante un permiso de noviembre de 1989, frecuentó *el Club 219*, donde entabló una conversación con un desconocido y se emborrachó hasta perder el conocimiento. Cuando Dahmer recuperó el conocimiento, se encontró atado en el apartamento del desconocido, que aparentemente le había violado. El hombre le dejó marchar y Dahmer regresó al reformatorio.

Dos semanas después, envió una carta a su juez en la que expresaba su arrepentimiento por el delito cometido y pedía su pronta salida de prisión. No había escrito la carta él mismo, sino que la había copiado del escrito de un compañero de prisión, pero las palabras lograron el efecto deseado: el juez ordenó el fin de su encarcelamiento para el 2 de marzo de 1990. Como condición para la libertad condicional, Dahmer tuvo que asistir a sesiones regulares de terapia de grupo hasta diciembre de 1990 y reunirse con su agente de libertad condicional a intervalos de dos semanas a partir de finales de marzo de 1990. Aunque reveló poco de sí mismo en la terapia de grupo y brilló por un creciente descuido de su higiene personal, se mostró tan cooperativo con la agente de la libertad condicional que ésta prescindió de las visitas a domicilio, que de hecho se le prescribieron, debido a su gran carga de trabajo durante todo el período de supervisión.

Continuación de la serie de asesinatos en el apartamento 213

El 14 de mayo de 1990, Dahmer se instaló en el apartamento 213 del complejo de apartamentos Oxford, en la calle 25 Norte de Milwaukee. Para disuadir a los ladrones y evitar que se descubrieran accidentalmente sus acciones, instaló un sistema de seguridad consistente en varias cerraduras para las puertas, un dispositivo de alarma y una cámara falsa. Raymond Smith fue la primera víctima que llevó a su nuevo apartamento. Este hombre afroamericano de 32 años era heterosexual pero se movía en el ambiente gay como chapero. Dahmer le había conocido en *la taberna 219* y le ofreció 50 dólares por sexo. Smith no quiso quedarse toda la noche por esa suma, así que Dahmer le dio varios somníferos en la madrugada del 21 de mayo de 1990. Luego lo estranguló y se masturbó mientras fotografiaba el cuerpo sin vida en varias poses. Al día siguiente, Dahmer faltó a su sesión de terapia de grupo porque estaba ocupado desmembrando y deshaciéndose del cuerpo.

Dahmer asesinó a Edward Smith, un afroamericano de 27 años que había conocido en el bar Phoenix, el 24 de junio de 1990, en el apartamento 213. Unos días más tarde, volvió a visitar el bar Phoenix, donde se acercó a un conocido de quince años y lo atrajo a su apartamento con dinero a cambio de fotografías. Como no tenía somníferos, le golpeó en el cuello por detrás con un mazo de goma. El adolescente reaccionó enfadado y salió del apartamento, pero volvió a llamar a la puerta de Dahmer poco después para pedirle dinero para el autobús. Pasaron el resto de la noche hablando del ataque, y Dahmer explicó más tarde que no había sido capaz de matar al adolescente después de conocerlo mejor.

Alrededor de las 3:00 de la mañana del 3 de septiembre de 1990, Dahmer conoció a Ernest Miller, afroamericano de 23 años, a la salida de una librería para adultos y le ofreció dinero a cambio de fotografías. En el apartamento de Dahmer, Miller se dejó fotografiar en poses eróticas antes de mantener relaciones sexuales consentidas. Después de que los efectos de los somníferos hicieran efecto, Dahmer se puso a chupársela hasta que se dio cuenta de que Miller estaba volviendo en sí. Dahmer creyó que ya no podía estrangularlo sin resistirse. Por ello, decidió utilizar el método alternativo "más suave" que se le ocurrió y cogió un cuchillo, con el que cortó la garganta de Miller. Después de que la víctima se desangrara, desmembró el cuerpo en la bañera y grabó el proceso con su cámara Polaroid.

Escalada de asesinatos

En la madrugada del 24 de septiembre de 1990, Dahmer asesinó a David Thomas, afroamericano de 22 años, siguiendo su patrón habitual. No se produjeron más crímenes durante los cinco meses siguientes, hasta que la racha de asesinatos de Dahmer se intensificó finalmente en 1991, matando a otras ocho víctimas en intervalos cada vez más cortos desde febrero hasta su detención en julio. Mirando hacia atrás, Dahmer dijo que se dejó llevar completamente por sus compulsiones. "Era un deseo incesante e interminable de estar con alguien a cualquier precio. [...] Simplemente llenaba mis pensamientos todo el día". ("Era un deseo incesante e interminable de estar con alguien a cualquier precio. No podía pensar en otra cosa durante todo el día"). Curtis Straughter fue la primera víctima de esta fase. Este afroamericano de casi dieciocho años había seguido a Dahmer desde una parada de autobús cerca de la Universidad de Marquette hasta el apartamento 213 a mediados de febrero de 1991, donde lo dejó inconsciente con pastillas para dormir. Después de que Dahmer lo fotografiara en varias poses y lo estrangulara con una correa de cuero, documentó el desmembramiento del cuerpo con su cámara Polaroid. El afroamericano Errol Lindsey, de 19 años, corrió la misma suerte el 7 de abril de 1991.

A instancias de su agente de libertad condicional, Dahmer se sometió esporádicamente a tratamiento psiquiátrico a partir de mayo de 1991, ya que sufría depresión y había manifestado intenciones suicidas. En opinión del psiquiatra, no representaba ningún peligro para sí mismo ni para los demás, por lo que sólo le recetó un antidepresivo. El 24 de mayo de 1991, Dahmer asesinó a Tony Hughes, un afroamericano sordo cuyo cadáver seguía en su dormitorio días después, cuando ya había llevado a su apartamento a la siguiente víctima.

En la tarde del 26 de mayo de 1991, Dahmer se acercó a Konerak Sinthasomphone, de 14 años, en el *centro comercial Grand Avenue* y le ofreció dinero a cambio de fotografías. Sinthasomphone, en cuyo expediente juvenil figuraban anotaciones por prostitución, aceptó la oferta y posó en ropa interior para unas fotos Polaroid en el apartamento de Dahmer. Después de que Dahmer drogara al adolescente con somníferos y lo agrediera sexualmente, salió de su apartamento sobre la 1:30 de la madrugada del 27 de mayo de 1991 y se dirigió a un bar cercano. De regreso, vio a Sinthasomphone en una intersección, sentado desnudo y sangrando en una acera, siendo atendido por vecinas afroamericanas. El adolescente había vuelto en sí durante la ausencia de Dahmer, salió del apartamento y vagó por las calles desorientado. Como no podía articular de forma inteligible, las mujeres sospecharon que estaba bajo los efectos de las drogas. Sinthasomphone se resistió cuando Dahmer intentó llevarlo a su apartamento, por lo que las mujeres llamaron a la policía.

Cuando llegó la patrulla, Dahmer dijo a los agentes que Sinthasomphone era su amante, ya mayor de edad, que sólo había bebido demasiado y se había escapado en una pelea. Aunque las mujeres expresaron serias dudas sobre las afirmaciones de Dahmer, los agentes no comprobaron sus antecedentes policiales, lo que habría revelado sus antecedentes penales y su libertad condicional en curso. En su lugar, los agentes acompañaron al adolescente de vuelta al apartamento 213, donde Dahmer les mostró las fotos de la ropa interior que respaldaban su historia. Los agentes se marcharon sin percatarse de la presencia del cadáver de Hughes en la habitación contigua. Poco después, Dahmer mató al adolescente (más tarde se supo que Sinthasomphone era el hermano pequeño del chico al que Dahmer había agredido sexualmente en 1988). Dahmer declaró que no se habría acercado a él si lo hubiera sabido).

Buscó a sus dos siguientes víctimas en Chicago, donde encontró a Matt Turner, afroamericano de 20 años, en una parada de autobús el 30 de junio de 1991, y a Jeremiah Weinberger, medio puertorriqueño de 23 años, en un bar gay una semana después. Ambos aceptaron su invitación a Milwaukee, donde los mató en su apartamento y fotografió el desmembramiento de sus cuerpos.

Arresto

En los días previos a su detención, la vida de Dahmer se estaba descontrolando. El 15 de julio de 1991, mató a Oliver Lacy, un hombre afroamericano de 24 años. Tras desmembrar el cuerpo, colocó la cabeza cortada en su nevera. El 19 de julio de 1991, su empleador le despidió por exceso de absentismo. Ese mismo día, asesinó a su última víctima, Joseph Bradehoft, de 25 años, y durmió junto al cuerpo durante días hasta que los gusanos se acumularon en su cama. En la bañera de su ducha, enfriaba dos cadáveres con hielo, por lo que sólo podía ducharse con agua fría. Sin embargo, la descomposición avanzaba más rápido de lo que él podía seguir para deshacerse de los cuerpos. Sus vecinos ya se habían quejado varias veces del mal olor que emanaba de su apartamento. Ante el administrador de la propiedad, Dahmer había afirmado que el hedor se debía a la comida estropeada; en otra ocasión, había declarado que los peces de su acuario habían muerto. Como el olor no disminuía, la administración de la propiedad le amenazó con desalojar su apartamento a finales de mes, el 22 de julio de 1991.

En la tarde de ese mismo día, Dahmer frecuentó el *centro comercial Grand Avenue,* donde, según los testigos, se acercó a varios hombres y les ofreció dinero a cambio de fotografías antes de que Tracy Edwards, de 32 años, aceptara su oferta y le acompañara al apartamento 213 sobre las 18:30 horas. Según Edwards, Dahmer sufrió varios cambios de comportamiento en el transcurso de la noche. Al principio, parecía perfectamente normal y amistoso, y habían estado hablando y bebiendo alcohol. Sin embargo, de repente, Dahmer se volvió amenazante, le puso unas esposas y sacó un cuchillo. Para calmar a Dahmer, Edwards le quitó la camisa y le hizo escuchar los latidos de su corazón. Mientras veía un vídeo de *El exorcista III*, Dahmer entró en un estado de trance y despiste. Edwards aprovechó la falta de atención de Dahmer y huyó del apartamento.

Con las esposas de Dahmer en la muñeca, Edwards paró a una patrulla de policía que pasaba por allí alrededor de las 23:30 horas y dijo a los dos detectives que un "bicho raro" le había amenazado con un cuchillo. Pidió a los agentes que le abrieran las esposas, pero como la llave de los detectives no se ajustaba al modelo que llevaba en la muñeca, le acompañaron de vuelta a los apartamentos Oxford. Dahmer permitió de buen grado que los agentes entraran en su apartamento y que uno de ellos registrara el dormitorio en busca de la llave de las esposas. En el proceso, el detective descubrió el cuchillo debajo de la cama y fotografías Polaroid de las víctimas asesinadas en un cajón abierto, momento en el que los agentes detuvieron a Dahmer. Cuando siguieron buscando en el apartamento y descubrieron la cabeza de Lacy en la nevera, pidieron refuerzos. Además de varios agentes de policía, los forenses y el médico forense llegaron al lugar entre las 0:30 y la 1:00. Poco después, Dahmer fue trasladado a la comisaría de Milwaukee.

Investigación

Esa misma noche, los investigadores de la unidad de homicidios del Departamento de Policía de Milwaukee comenzaron a interrogar a Dahmer. Según el registro, el primer interrogatorio duró desde la 1:30 hasta las 7:15 de la mañana del 23 de julio de 1991. Dahmer renunció a la presencia de un abogado, pero inicialmente se negó a dar cualquier información sobre lo que se encontró en su apartamento. Mientras tanto, su apartamento fue registrado completamente por los forenses y se incautaron cajas de pruebas. En el frigorífico, los investigadores encontraron dos corazones humanos envueltos en bolsas de plástico y un trozo de músculo del brazo, además de la cabeza cortada. En un congelador, descubrieron otras tres cabezas, un torso y varios órganos humanos empaquetados. En el dormitorio y en un armario del pasillo, los agentes se incautaron de un total de siete cráneos, así como de dos esqueletos completos, un par de manos cortadas, un cuero cabelludo momificado y los genitales de dos hombres, también momificados. Una empresa especializada en materiales peligrosos se llevó un barril de plástico con algo más de 200 litros, que Dahmer había colocado en su dormitorio y en el que se disolvieron los torsos de tres víctimas en un baño de ácido. Además de productos químicos como el cloroformo, el ácido clorhídrico y el formaldehído, los investigadores forenses conservaron un colchón empapado de sangre y 74 Polaroids que mostraban los cuerpos de las víctimas en distintas fases de desmembramiento. El patólogo forense encargado declaró más tarde que el apartamento de Dahmer se parecía más a un museo que a la escena de un crimen.

Ante las abrumadoras pruebas, Dahmer se dio cuenta de que su silencio ya no le serviría de nada, así que durante las seis semanas siguientes y en unos interrogatorios que duraron un total de 60 horas, hizo una exhaustiva confesión de 178 páginas. Admitió haber mantenido relaciones orales y anales protegidas con los cadáveres de sus víctimas y haber realizado actos sexuales sobre sus entrañas. Describió con detalle cómo había procedido a desmembrar los cadáveres, arrojándolos a la basura o descomponiéndolos en ácido y tirándolos por el retrete. También confirmó las sospechas de los investigadores de que había practicado el canibalismo con tres víctimas, consumiendo trozos de corazón, músculo del muslo y bíceps. Después de que el médico forense encontrara llamativas lesiones craneales y cerebrales infligidas ante mortem en cuatro de las víctimas cuando les realizó las autopsias, Dahmer confesó que había intentado realizar un tipo de lobotomía a estas víctimas. Había hecho agujeros en sus cráneos en los que inyectó ácido clorhídrico o agua caliente, con la esperanza de crear un zombi sin voluntad que pudiera mantener como esclavo sexual. Uno de los hombres había sobrevivido al procedimiento durante dos días en un estado de grave aturdimiento, pero en última instancia el resultado fue la muerte de la víctima en todos los casos.Dahmer aceptó ayudar a identificar a sus víctimas para aliviar la incertidumbre de sus padres ("[...] para aliviar la mente de los padres"). Como no podía recordar el nombre de ninguna víctima, excepto en el caso de Hicks, y como el proceso de análisis de ADN no estaba lo suficientemente maduro a principios de los años noventa, el resto de las víctimas fueron identificadas principalmente a partir de las fotografías Polaroid y de su estado dental. Varias víctimas habían llegado a conocimiento de la policía, por lo que también fue posible cotejarlas con las huellas dactilares registradas previamente. En los casos en los que no había restos, los investigadores utilizaron la memoria de Dahmer para acotar el periodo de tiempo del crimen y buscar casos de personas desaparecidas que estuvieran dentro del mismo periodo de tiempo. Dahmer utilizó entonces las fotos de personas desaparecidas para identificar a sus víctimas. Para poner a prueba su credibilidad, los investigadores también le presentaron fotos de personas vivas, pero no reivindicó a ninguna de ellas como sus víctimas. En la propiedad de su antigua casa de Bath, que desde entonces había cambiado de manos, los investigadores encontraron más de 50 fragmentos de hueso que podían corresponder a Hicks.

Los investigadores estaban convencidos de la credibilidad de Dahmer. Aunque no siempre compartía la información inmediatamente, a menudo sólo cuando se lo pedían los agentes, sus declaraciones normalmente podían verificarse con las pruebas disponibles. Sin embargo, sus declaraciones también fueron incoherentes en algunos casos (por ejemplo, hizo declaraciones contradictorias sobre si había habido relaciones sexuales entre él y Hicks), pero esto no fue cuestionado por los investigadores ni posteriormente por los evaluadores psiquiátricos y, por lo tanto, no surgió en el juicio.

Víctimas identificadas: motivo, perfil de la víctima y modus operandi

Como la mayoría de sus víctimas procedían del ambiente gay y/o eran de ascendencia afroamericana, se especuló con que Dahmer había actuado por homofobia y odio racial. En cambio, él afirmó repetidamente que sus acciones no estaban motivadas por el odio. Había elegido a los hombres no por su etnia u orientación sexual, sino por su aspecto atractivo y porque eran los más fáciles de atraer a su apartamento. Todas sus víctimas respondían al mismo perfil físico: jóvenes (entre la adolescencia y los 30 años), altos, delgados y musculosos. Con la excepción de Hicks y Tuomi, cuyos asesinatos fueron espontáneos y no planificados, Dahmer elegía a sus víctimas cuidadosamente y preparaba los actos con esmero. Asesinaba casi exclusivamente los fines de semana para tener tiempo suficiente después para deshacerse de las pruebas, y utilizaba el anonimato de la vida nocturna, la calle o los grandes centros comerciales para no ser detectado. Por regla general, sólo se acercaba a los hombres que viajaban solos y, por tanto, no se les echaba de menos inmediatamente. Como resultaba atractivo para muchos hombres homosexuales, despertaba el instinto de protección de sus víctimas con su aspecto infantil y les ofrecía la posibilidad de obtener dinero o sexo, cada uno de los hombres acudía voluntariamente, por lo que nunca tenía que llevarlos a su apartamento por la fuerza.

Según Dahmer, prefería parejas sexuales vivas pero absolutamente pasivas y dóciles sobre las que pudiera ejercer el control y cuyas necesidades no tuviera que tener en cuenta. Como no podía encontrar un hombre que cumpliera estos requisitos y tenía dificultades de erección con las parejas sexuales despiertas, las drogaba para poder satisfacerse sin ser molestado y sin presión de tiempo y rendimiento sobre sus cuerpos inmóviles. Tras su detención, admitió: "Siempre fui bastante egoísta. Me entrené para ver a las personas como objetos de placer potencial en lugar de seres humanos". ("Siempre fui bastante egoísta. Me entrené para ver a las personas como objetos de placer potencial en lugar de seres humanos").

Cuando los hombres le dejaban después del sexo, se sentía vacío y solo, y como nadie quería tener una relación a largo plazo con él, empezó a matar a sus parejas sexuales para que no le dejaran. Para él, el asesinato era sólo un medio para conseguir un fin y no le proporcionaba ningún placer. Para eliminar sus inhibiciones y poder llevar a cabo el acto de matar, tenía que emborracharse cada vez de antemano. Como no conseguía crear una esclava sexual sin voluntad que hiciera prescindible el asesinato de más víctimas, y como los actos necrófilos no le proporcionaban una satisfacción duradera, iba en busca de nuevas víctimas. "Era un anhelo, un hambre, [...] una compulsión, y seguía haciéndolo [...] siempre que se presentaba la oportunidad". ("Era un antojo, un hambre, [...] una compulsión, y seguía haciéndolo [...] siempre que se presentaba la oportunidad").

Explicó a los investigadores que su objetivo era no torturar a sus víctimas, por lo que las anestesiaba y elegía una forma de matar lo más rápida e indolora posible. Sus actos caníbales se realizaban inicialmente por curiosidad y finalmente también le servían para mantener a la víctima con él para siempre mediante la incorporación. Experimentó el desmembramiento de los cadáveres con sentimientos encontrados. Por un lado sentía poder y excitación sexual, por otro lado era un mal necesario para él, ya que tenía que destruir pruebas y esto al mismo tiempo significaba la pérdida de su víctima. Describió el proceso en sí como un trabajo repugnante, al que además siempre tenía que sobreponerse con la ayuda del alcohol.

Recogió las cabezas porque para él encarnaban la "verdadera esencia" de las víctimas y quería utilizarlas para construir un altar que le diera poder. Citó como modelos a los personajes cinematográficos el Emperador Palpatine en *El retorno de los caballeros Jedi* y el Asesino Géminis en *El exorcista III*. Su fascinación por los dos personajes llegaba hasta el punto de que de vez en cuando se ponía lentillas amarillas para parecerse a ellos y veía las películas para ponerse a tono con el sacrificio.

Revisión de los casos de homicidio no resueltos

Después de que las acciones de Dahmer se dieran a conocer internacionalmente, los investigadores de Milwaukee recibieron numerosas consultas de otros organismos policiales sobre casos de asesinatos y personas desaparecidas sin resolver de casi todos los estados de Estados Unidos y de Alemania. Se trataba de casos en los que la persona desaparecida o asesinada coincidía con el perfil de víctima de Dahmer o la comisión del crimen presentaba similitudes con su modus operandi.

Una de las investigaciones se refería al asesinato registrado de Adam Walsh, de seis años de edad. El niño había sido secuestrado en un centro comercial de Hollywood, Florida, el 27 de julio de 1981. Dos semanas después, se encontró la cabeza cortada del niño; el resto del cuerpo seguía desaparecido. El asesino en serie, Ottis Toole, se retractó de su confesión del crimen y no pudo ser acusado por falta de más pruebas. A medida que la imagen de Dahmer se abría paso en los medios de comunicación tras su detención, aparecieron varios testigos que creían haberle visto en el centro comercial el día del secuestro. A pesar de estas declaraciones y de que Dahmer había estado en Florida en el momento del crimen, los investigadores no pudieron encontrar pruebas sólidas de que hubiera cometido el crimen. En varios interrogatorios, Dahmer negó tener nada que ver con el secuestro y el asesinato del niño. Debido a que confesó libremente otros asesinatos, además de ayudar a resolver el crimen, y a que Adam Walsh no se ajustaba a su perfil de víctima, los investigadores siguieron asumiendo que Toole era el asesino del niño cuando se cerraron los archivos del caso en 2008.

La fiscalía de Bad Kreuznach y la Oficina de Policía Criminal del Estado de Renania-Palatinado, en colaboración con las autoridades estadounidenses, revisaron cinco asesinatos de mujeres sin resolver que habían ocurrido mientras Dahmer estaba destinado en Renania-Palatinado. Sin embargo, los investigadores no encontraron pruebas de su autoría, y Dahmer afirmó que no había asesinado en Alemania.

Errores y fallos de investigación anteriores de las autoridades

En el transcurso de su ola de asesinatos, Dahmer entró en contacto varias veces con la policía y otras autoridades. Sin embargo, una serie de errores de investigación y fallos oficiales impidieron que sus actos fueran descubiertos antes. Esto reforzaba su sensación de ser "invencible".

Tramitación judicial

El 6 de agosto de 1991, un tribunal de Milwaukee fijó la fianza de Dahmer en 5 millones de dólares. En la misma fecha, Dahmer entregó formalmente los restos de sus víctimas a los funerarios. (De acuerdo con la ley del estado de Wisconsin, podría haberse negado a entregarlos porque eran pruebas. En el improbable caso de que fuera absuelto, los restos habrían pasado a ser de su propiedad y deberían habérsele entregado a petición suya).

Después de que un psicólogo lo examinara y lo declarara competente para ser juzgado, Dahmer fue acusado de quince cargos de asesinato ante un gran jurado de Milwaukee el 30 de enero de 1992. (El asesinato de Hicks fue juzgado en una fecha posterior en un juicio separado porque el crimen cayó bajo la jurisdicción del Estado de Ohio. No se presentaron cargos en el caso de Tuomi porque los acontecimientos de la noche del crimen no pudieron reconstruirse más allá de una duda razonable). Su defensa estuvo a cargo de un equipo de cuatro abogados. Dado que se había declarado exhaustivamente culpable el 13 de enero de 1992, la única cuestión que quedaba por resolver en el *juicio del Estado de Wisconsin contra Jeffrey L. Dahmer era la* cuestión de su cordura *(juicio por demencia)*.

Preocupado por los actos de represalia, Dahmer fue llevado al tribunal cada día del juicio bajo estrictas medidas de seguridad, esposado y con grilletes. Además de un perro detector de explosivos, se utilizó un muro de cristal a prueba de balas para proteger a Dahmer de la multitud en la sala. El coste resultante de más de 120.000 dólares convirtió el juicio de Dahmer en el más caro de la historia de los tribunales de Milwaukee. El juicio fue transmitido en directo por la televisión estadounidense.

Para que los espectadores sensibles pudieran apagar el sonido si las descripciones en el tribunal resultaban demasiado truculentas, la emisión se retrasó unos segundos para que un punto de señal roja pudiera superponerse a las escenas apropiadas. Debido a la enorme cobertura mediática, el jurado, compuesto por doce miembros, fue aislado del mundo exterior mientras duró el juicio para evitar que se viera influenciado (secuestro). También se proporcionó a los miembros del jurado apoyo psicológico para ayudarles a procesar mejor los actos descritos en el juicio.

Además de numerosos representantes de los medios de comunicación y familiares de las víctimas, también estuvieron presentes en el auditorio el padre y la madrastra de Dahmer, que escucharon por primera vez los detalles de los crímenes de su hijo durante el juicio. Un total de 28 personas fueron llamadas al estrado de los testigos. Entre ellas estaban los dos agentes del Departamento de Policía de Milwaukee que tomaron su confesión y se turnaron para leerla en el tribunal, y Tracy Edwards, la víctima fugada. Además, ocho expertos psiquiátricos habían sido llamados para examinar la salud mental de Dahmer durante los días previos al juicio.

Informe psiquiátrico

Los tres expertos de la defensa argumentaron ante el tribunal que Dahmer era un enfermo mental y, por tanto, no estaba cuerdo. Le diagnosticaron una necrofilia compulsiva, debido a la cual no había sido capaz de controlarse. Además, se le diagnosticó un trastorno de personalidad límite, disocial, esquizoide y esquizotípico, así como frotamiento, parcialidad y alcoholismo crónico. Uno de los evaluadores de la defensa también describió a Dahmer como psicótico. Tenía una estructura de personalidad extremadamente primitiva y delirios extraños, con lo que el experto se refería al intento de Dahmer de crear un zombi y a su planeada construcción de un altar que le daba poder. Su psicosis podía ser tanto esquizofrénica como de naturaleza afectiva.

Los expertos de la fiscalía fueron unánimes en su opinión de que Dahmer no había sido un enfermo mental en el sentido de la ley y que, por tanto, había estado cuerdo. No había sufrido delirios porque era consciente de que el altar no podía darle realmente poder. Confirmaron el diagnóstico de borderline, pero negaron la existencia de necrofilia compulsiva, ya que había preferido a las parejas sexuales vivas y un asesino verdaderamente compulsivo no tiene que emborracharse primero para poder llevar a cabo el acto de matar. Que había sido capaz de controlarse quedaba demostrado por el período de nueve años transcurrido entre su primer y segundo asesinato, durante el cual no había matado, y por el hecho de que sólo había practicado relaciones sexuales protegidas con los cadáveres. Dahmer, dijo, no era un asesino impulsivo, sino uno calculador que hizo todo lo posible para permitir y ocultar sus actos. Además, era único entre los asesinos en serie por motivos sexuales en el sentido de que no actuaba intencionadamente de forma cruel o sádica, lo que es típico de este tipo de asesinos en serie. En cambio, drogó a sus víctimas para evitarles un sufrimiento innecesario.

Por otro lado, uno de los dos expertos del tribunal clasificó a Dahmer como sádico. Sus tendencias agresivas y hostiles le habían llevado a cometer los actos, su impulso sexual había sido la salida de su rabia destructiva. Tenía un grave trastorno de la personalidad que requería tratamiento, pero no padecía psicosis ni necrofilia. Además, el experto no creía que Dahmer hubiera matado a los hombres para evitar que le dejaran, sino porque se había sentido atraído sexualmente por ellos y quería eliminar lo que más odiaba de sí mismo: su homosexualidad. Dudaba de que Dahmer hubiera agujereado la cabeza de sus víctimas o se hubiera comido partes de ellas vivas. Sólo quería que sus actos parecieran aún más espantosos de lo que ya eran. Sin embargo, a pesar de todo, Dahmer "no era una persona tan mala". El otro perito del tribunal diagnosticó un trastorno límite de la personalidad, negó la presencia de psicosis y describió a Dahmer como "amable, agradable contemporáneo, educado, con buen humor, convencionalmente guapo y de comportamiento encantador."

El analista del caso del FBI, Robert Ressler, que interrogó a Dahmer durante dos días a petición de la defensa, explicó posteriormente que no había sentido más que compasión por la persona torturada y retorcida que tenía delante. Lo clasificó como un "delincuente mixto" porque había poseído características tanto del tipo de asesino en serie "organizado" como del "desorganizado". En opinión de Ressler, Dahmer cometió al menos sus últimos asesinatos durante episodios psicóticos y, por tanto, en estado de culpabilidad. Sin embargo, como Ressler no era psiquiatra, no fue admitido por el tribunal como testigo experto. En informes periciales posteriores, se asume que lo más probable es que Dahmer también tuviera el síndrome de Asperger, pero en vida no se le dio este diagnóstico. Según otro informe pericial redactado después de su muerte, Dahmer obtuvo una puntuación de 22 en la *lista de comprobación de psicopatía* de Robert D. Hare, a partir de la cual se concluyó que probablemente no era un psicópata, aunque tenía algunos rasgos psicopáticos. (Según Hare, se requiere un mínimo de 30 puntos para el diagnóstico de psicopatía).

Alegatos y veredicto

La defensa se declaró culpable *pero demente*. Dahmer había reconocido la maldad de sus actos, pero no había tenido el control de sus acciones debido a su estado mental. Si esta estrategia de la defensa hubiera tenido éxito, no habría sido enviado a la cárcel, sino a una institución psiquiátrica cerrada por tiempo indefinido, donde se habría sometido a terapia. La fiscalía, por su parte, intentó convencer al jurado en su resumen de que Dahmer había sido muy capaz de controlarse a sí mismo. Había sido un maestro de la manipulación, con sangre fría y calculadora, y había engañado a mucha gente.

El 15 de febrero de 1992, tras cinco horas de deliberación, el jurado declaró a Dahmer cuerdo en todos los cargos por una votación de diez a dos. Antes de pronunciar la sentencia, el 17 de febrero de 1992, el juez permitió hablar a los familiares de las víctimas y finalmente dio la última palabra al acusado. Dahmer, que había permanecido en silencio durante el juicio, leyó una declaración en la que expresó su remordimiento por el sufrimiento que había causado y su deseo de poder deshacer los actos. Dijo que afrontaba el juicio para no dejar preguntas sin respuesta y para demostrar al mundo que sus crímenes no estaban motivados por el odio. Es de esperar que, a través de su caso, se ayude a personas como él antes de que se causen sufrimiento a sí mismas o a otros.

Dahmer fue condenado a la pena máxima posible de 15 cadenas perpetuas consecutivas sin posibilidad de liberación. Como también se le consideraba reincidente por sus condenas anteriores, recibió diez años más por cada asesinato, con lo que su condena total fue de más de 900 años de prisión. Unas semanas más tarde, fue trasladado a Akron, Ohio, donde se declaró culpable del asesinato de Hicks en un proceso penal que duró apenas una hora el 1 de mayo de 1992, y fue condenado a otra cadena perpetua.

En el tribunal y en entrevistas posteriores, Dahmer declaró que merecía la pena de muerte y que había deseado morir. Ohio había restablecido la pena de muerte en 1974, pero la ley de entonces se consideraba inconstitucional, por lo que sólo pudo ser condenado a cadena perpetua por su primer asesinato en 1978. Wisconsin ya había abolido la pena de muerte en 1853. El caso de Dahmer hizo que aumentaran los llamamientos a favor de su reinstauración a principios de la década de 1990, y entre 1991 y 1996 se presentaron 22 proyectos de ley en ese sentido, pero todos fracasaron.

Tiempo de detención

Tras su condena, Dahmer comenzó su encarcelamiento en la *Columbia Correctional Institution*, una prisión de máxima seguridad con aproximadamente 600 reclusos en Portage, Wisconsin, con el número de recluso 177252. Pasó el primer año de su encarcelamiento en régimen de aislamiento por temor a su seguridad debido a su "notoriedad". Con su consentimiento, Dahmer fue trasladado finalmente al ala general de la prisión, donde entró en contacto con otros reclusos. Incluso en prisión, destacaba por su humor morboso, jugando especialmente con su imagen, por ejemplo, invitando a la gente a la reunión de "Caníbales Anónimos" en el tablón de anuncios.

Recibió visitas periódicas de su familia y de desconocidos de todo el mundo caja tras caja de cartas que incluían mensajes de odio, así como expresiones de simpatía, peticiones de autógrafos, ofertas de amigos por correspondencia, declaraciones de amor de partidarios de la hibristofilia y regalos monetarios por un total de 12.000 dólares.

Durante su encarcelamiento, Dahmer cooperó con el FBI. Junto con Edmund Kemper, Richard Speck y Jerome Brudos, fue uno de los asesinos en serie condenados que proporcionó a los agentes John E. Douglas y Robert Ressler información sobre sus pensamientos y sentimientos en varias entrevistas, ayudando así a la *Unidad de Ciencias del Comportamiento* (precursora de la *Unidad de Análisis del Comportamiento*) a adquirir conocimientos y a la búsqueda de otros asesinos en serie.

Durante su estancia en la cárcel, Dahmer se acercó al cristianismo y pensó que su anterior renuncia a Dios podría haber sido la causa de sus crímenes, ya que sentía que no tenía que rendir cuentas a nadie. Tras seguir un curso bíblico por correspondencia, se bautizó en la cárcel el 10 de mayo de 1994, y a partir de entonces recibió visitas semanales de su pastor para estudiar la Biblia con él y fortalecer su fe.

En el verano de 1994, Dahmer fue atacado por un compañero con una cuchilla de afeitar después de un servicio penitenciario, pero no sufrió heridas graves. Los funcionarios de la prisión consideraron que el riesgo de reincidencia era bajo, y Dahmer insistió en ser trasladado de nuevo del aislamiento temporal al ala general de la prisión. Le dijo a su madre que no le importaba si le pasaba algo.

Muerte y reacciones

Tres semanas antes de su muerte, fue asignado a una unidad de trabajo que realizaba tareas de limpieza. La mañana del 28 de noviembre de 1994, Dahmer y sus compañeros Jesse Anderson y Christopher Scarver fueron asignados para limpiar las instalaciones sanitarias junto al gimnasio. Cuando los guardias de la prisión dejaron a los tres reclusos desatendidos durante unos minutos, Scarver golpeó primero a Dahmer y luego a Anderson con la barra de hierro de una mancuerna. Dahmer seguía vivo, pero no reaccionaba, cuando fue encontrado en un charco de sangre por un carcelero alrededor de las 8:10 a.m. Fue trasladado al Hospital Divine Savior de Portage con graves fracturas de cráneo y cara, donde fue declarado muerto a las 9:11 a.m. Anderson murió dos días después a causa de sus heridas. La autopsia de Dahmer reveló que fue golpeado de frente, pero su cuerpo no tenía las heridas defensivas esperadas.

Las reacciones a su muerte fueron variadas. Muchos familiares de las víctimas recibieron la noticia con alegría y alivio. Otros, sin embargo, expresaron tristeza y consternación. Una hermana de Edward Smith, que había visitado a Dahmer mientras estaba detenido para conocer por él los detalles de la muerte de su hermano, dijo sobre el asesinato de Dahmer: "No podía dejar de llorar cuando me enteré de la noticia. [...] No debería haber sido asesinado así". ("No pude dejar de llorar cuando me enteré de la noticia. [...] No debería haber sido asesinado así"). El fiscal que había acusado a Dahmer expresó: "Este es el último y triste capítulo de una vida muy triste. [...] Espero que no haya ninguna [...] celebración como héroe popular para el hombre que mató a Jeffrey Dahmer". ("Este es el último y triste capítulo de una vida muy triste. [...] Espero que el hombre que mató a Jeffrey Dahmer [...] no sea celebrado como un héroe popular"). El padre de Dahmer encontró consuelo en el hecho de que su hijo había encontrado a Dios antes de su muerte y ahora ya no tenía que sufrir. Su madre reaccionó con enfado, preguntando: "¿Ahora todo el mundo está contento? Ahora que está apaleado hasta la muerte, ¿es suficiente para todos?". ("¿Ahora todo el mundo está contento de que lo hayan apaleado hasta la muerte?").

En diciembre de 1994, la familia de Dahmer celebró un servicio fúnebre al que asistió una hermana de Edward Smith. Tras la muerte de Dahmer, sus padres discutieron sobre el destino de sus restos. Joyce Flint quería donar el cerebro de su hijo a la ciencia con fines de investigación; Lionel Dahmer quería respetar la última voluntad de su hijo y que su cuerpo fuera totalmente incinerado. En diciembre de 1995, un tribunal falló a favor del padre. Las cenizas de Dahmer se dividieron entre sus padres.

Scarver, un afroamericano que padecía esquizofrenia y delirios, que ya estaba cumpliendo condena por asesinato y que había declarado inmediatamente después del ataque a sus compañeros que Dios le había ordenado hacerlo, fue condenado a otras dos cadenas perpetuas por los asesinatos de Dahmer y Anderson. No se descartó la venganza como motivo de los asesinatos porque Dahmer había matado a muchos hombres afroamericanos y Anderson, que era blanco, había intentado inculpar a dos afroamericanos del asesinato de su mujer, que él mismo había cometido. En 2015, Scarver declaró finalmente que había matado a Dahmer porque le repugnaban sus acciones y Dahmer no había mostrado ningún remordimiento en la cárcel. También afirmó que los guardias la dejaron intencionadamente sin supervisión para que pudiera matarlo. En cambio, la investigación de las autoridades sobre la muerte de Dahmer en 1994 había concluido que Scarver había actuado solo. Según los funcionarios de la prisión, Dahmer se había llevado bien con otros reclusos, por lo que no era raro que le dejaran sin vigilancia en ocasiones.

Secuelas

Tras conocerse los crímenes de Dahmer, hubo marchas y concentraciones de protesta en Milwaukee, organizadas principalmente por la población no blanca y dirigidas contra el Departamento de Policía de Milwaukee. Los manifestantes acusaron a la policía de parcialidad e indiferencia hacia los afroamericanos, los homosexuales y otras minorías, y criticaron en particular el comportamiento de los policías en el caso de Konerak Sinthasomphone. Estos, después de haber puesto a Sinthasomphone bajo custodia del asesino en serie, se burlaron por radio de la supuesta pelea de los "amantes" homosexuales. Los políticos afroamericanos también consideraron que los agentes habrían actuado de forma diferente y se habrían tomado en serio las preocupaciones de las mujeres si el adolescente y las mujeres hubieran sido blancos y Dahmer negro. Los agentes fueron suspendidos con sueldo íntegro mientras duró la investigación policial interna sobre el incidente y fueron despedidos del cuerpo de policía cuando ésta finalizó. En el juicio, Dahmer lamentó que los agentes hubieran perdido su trabajo por su culpa; ellos no tenían la culpa de la muerte de la adolescente. Más tarde, un tribunal dio la razón a los policías en su demanda y fueron readmitidos. La familia de Sinthasomphone recibió 850.000 dólares de la ciudad de Milwaukee como indemnización por los fallos del departamento de policía.

En vida de Dahmer, los familiares de sus víctimas ya le habían demandado para obtener una indemnización y se les concedió 80 millones de dólares, pero como sólo tenía recursos financieros limitados, esta suma nunca se pagó. Tras su muerte, once familiares de las víctimas pidieron una indemnización a su patrimonio. Los cerca de 300 objetos que contenía -incluido el frigorífico en el que había guardado partes del cuerpo de sus víctimas, el taladro y otras herramientas del crimen- iban a ser subastados en un principio y la recaudación se repartiría entre las familias. Sin embargo, a otras familias de las víctimas no les gustó la idea. Finalmente, unos empresarios compraron el patrimonio por 407.225 dólares. La suma se dividió entre las familias de las víctimas, y todos los objetos de la finca fueron destruidos en junio de 1996. Los apartamentos Oxford ya habían sido demolidos en noviembre de 1992.

Catherine Dahmer murió en diciembre de 1992 y, tras un intento fallido de suicidio en marzo de 1994, Joyce Flint sucumbió al cáncer en noviembre de 2000. Mientras que Lionel Dahmer conservó su apellido y accedió a varias entrevistas, el hermano menor de Dahmer, David, cambió su apellido y prefirió vivir en el anonimato.

Recepción: cobertura mediática y percepción pública

Hasta la detención de Dahmer en el verano de 1991, nadie sospechaba que hubiera un asesino en serie en Milwaukee. No había habido descubrimientos de cuerpos sospechosos, y los crecientes casos de jóvenes desaparecidos habían recibido poca atención, incluso de la prensa local. Mientras que los medios de comunicación solían seguir otras series de asesinatos famosos, como la del asesino BTK o la del Hijo de Sam, durante años hasta que se resolvían, y el interés del público aumentaba sucesivamente como consecuencia de ello, los crímenes de Dahmer irrumpieron literalmente en Milwaukee y en el resto de Estados Unidos de la noche a la mañana y provocaron un repentino revuelo en el panorama mediático. Incluso antes de que se lo llevaran esposado la noche del 22 al 23 de julio de 1991, los primeros reporteros locales y los equipos de cámaras se habían colocado en el exterior de los apartamentos Oxford, y el *Milwaukee Journal* anunció en su primera página a la mañana siguiente el titular "Partes de cuerpos ensucian el apartamento". Al día siguiente de su detención, Dahmer fue el tema principal de los noticiarios estadounidenses, y el *New York Times publicó al* menos un editorial de media página sobre el caso durante diez días seguidos. Se calcula que 450 periodistas de todo el mundo viajaron a Milwaukee para cubrir al "Caníbal de Milwaukee" o "Monstruo de Milwaukee".

La avidez de información de los medios de comunicación llegó a tal punto que los reporteros asediaron a los familiares de las víctimas, y las investigaciones se vieron obstruidas y comprometidas en repetidas ocasiones. Por ejemplo, el *New York Times* publicó la información, hasta entonces estrictamente confidencial, sobre los actos caníbales de Dahmer a partir de un informe policial robado; Tracy Edwards, uno de los principales testigos en el proceso judicial contra Dahmer, fue entrevistado en varias ocasiones y recibió una influencia tan fuerte por parte de los periodistas que tuvo que admitir en el interrogatorio que había exagerado sus experiencias en las entrevistas, lo que hizo que su credibilidad se viera afectada. La prensa sensacionalista se superó a sí misma con titulares escabrosos, en parte ficticios, como "El caníbal: rostro del loco que mató a 17 personas y se las comió" o "El asesino caníbal de Milwaukee se come a su compañero de celda" y así, unos meses después de que se estrenara en los cines El *silencio de los corderos,* alimentó la expectativa de un segundo Hannibal Lecter. Por ello, en la primera aparición pública de Dahmer con motivo de una vista judicial, el 25 de julio de 1991, los observadores se sintieron casi decepcionados porque parecía completamente "normal" y no se podía ver "el mal" en él. Más bien, dio una impresión vulnerable, casi temerosa, durante el juicio y se abstuvo de llevar sus gafas en la sala para no tener que mirar a nadie a los ojos y poder distanciarse mejor del proceso.

Aunque Dahmer -a diferencia de Ted Bundy, Richard Ramírez o Charles Manson- no parecía disfrutar de la atención de periodistas y fotógrafos, la fascinación mediática por él no era menor. La revista estadounidense *People Weekly le dedicó* un artículo de portada en agosto de 1991 y lo eligió entre las "100 personalidades más fascinantes del siglo XX". La revista *Vanity Fair* publicó un artículo de varias páginas en noviembre de 1991 en el que lo analizaba como el asesino en serie encarcelado Dennis Nilsen, cuyos crímenes tenían un gran parecido. Dahmer se convirtió en una "celebridad": los agentes de policía le pedían autógrafos y sus comparecencias ante los tribunales creaban un ambiente similar al de un estreno de cine. Recibió más de 200 solicitudes de entrevistas y, tras su condena, finalmente accedió a una primera entrevista televisiva no remunerada para el programa de noticias sensacionalista *Inside Edition,* que se grabó en la cárcel en enero de 1993. Su segunda y también última entrevista televisiva, que concedió junto a sus padres, se emitió en marzo de 1994 y obtuvo un récord de audiencia para el noticiario *Dateline de la NBC.* En ambas entrevistas, Dahmer insistió en que él era el único responsable de sus actos y que nadie tenía la culpa.

Al reportaje sensacionalista original le siguieron obras biográficas como *The Shrine of Jeffrey Dahmer* (1993), de Brian Masters, y las memorias de Lionel Dahmer, *My Son is a Murderer* (1995), que intentaban llegar a la raíz de los crímenes de Dahmer. Los críticos acusaron a la obra de Masters de retratar a Dahmer de forma demasiado empática, a lo que él respondió que prefería el conocimiento y la comprensión a la ignorancia. A Lionel Dahmer se le atribuyó su autorreflexión sobre su papel y sus posibles fallos como padre, pero al mismo tiempo él mismo admitió no haber encontrado ninguna explicación a las acciones de su hijo. Incluso en vida, Jeffrey Dahmer despertó la compasión y la simpatía de muchas personas - entre ellas, policías, abogados y psiquiatras implicados en su caso-, yendo a más desde la publicación de la novela gráfica de Derf Backderf *Mi amigo Dahmer* (2013) hasta la glorificación y romantización en numerosos blogs de fans y otros medios sociales. En particular, se citan como motivos su timidez y su problemática juventud, su deseo insatisfecho de amor y cercanía con otra persona, el arrepentimiento que mostró en el juicio y su sinceridad y sentido de la vergüenza. Para Backderf, Dahmer era una "figura trágica", pero su compasión por su antiguo compañero de colegio terminó en el momento en que empezó a matar.

Cultura popular

Dahmer se ha convertido en una leyenda de la cultura popular. Su persona y sus crímenes, especialmente sus actos caníbales, son objeto de numerosas obras artísticas.

Además de varias piezas musicales como *213* de Slayer, *Jeffrey Dahmer* de Soulfly y el álbum conceptual *Dahmer* de 2002 *de* la banda de death metal Macabre, inspiró obras literarias como *Zombie* (1995) de Joyce Carol Oates, *Exquisite Corpse* (1996) de Poppy Z. Bree y *Dahmer Is Not Dead* (2017) de Edward Lee.

Su vida fue filmada en *Dahmer* (2002), protagonizada por Jeremy Renner, y en *Mi amigo Dahmer* (2017), protagonizada por Ross Lynch, entre otras, y también sirvió de plantilla para tramas de ficción en series de televisión como *South Park* y *American Horror Story* o largometrajes como *Copykill* (1995). En septiembre de 2022, Netflix estrenó la miniserie *Dahmer - Monster: La historia de Jeffrey Dahmer, protagonizada por* Evan Peters.

*

Vea todos nuestros libros publicados aquí:

https://campsite.bio/unitedlibrary

Ingram Content Group UK Ltd.
Milton Keynes UK
UKHW020944080323
418175UK00017B/1283

9 789493 311336